BEI GRIN MACHT SICH IHR WISSEN BEZAHLT

AF130029

- Wir veröffentlichen Ihre Hausarbeit,
  Bachelor- und Masterarbeit

- Ihr eigenes eBook und Buch -
  weltweit in allen wichtigen Shops

- Verdienen Sie an jedem Verkauf

Jetzt bei www.GRIN.com hochladen
und kostenlos publizieren

Bibliografische Information der Deutschen Nationalbibliothek:

Die Deutsche Bibliothek verzeichnet diese Publikation in der Deutschen National-
bibliografie; detaillierte bibliografische Daten sind im Internet über http://dnb.d-
nb.de/ abrufbar.

Impressum:

Copyright © 2017 GRIN Verlag
Druck und Bindung: Books on Demand GmbH, Norderstedt Germany
ISBN: 9783668888333

Dieses Buch bei GRIN:

https://www.grin.com/document/456378

Philipp Blaich

Reproduktion von Bildungsungleichheit in Deutschland

Über "Die feinen Unterschiede" von Pierre Bourdieu

GRIN Verlag

GRIN - Your knowledge has value

Der GRIN Verlag publiziert seit 1998 wissenschaftliche Arbeiten von Studenten, Hochschullehrern und anderen Akademikern als eBook und gedrucktes Buch. Die Verlagswebsite www.grin.com ist die ideale Plattform zur Veröffentlichung von Hausarbeiten, Abschlussarbeiten, wissenschaftlichen Aufsätzen, Dissertationen und Fachbüchern.

Besuchen Sie uns im Internet:

http://www.grin.com/

http://www.facebook.com/grincom

http://www.twitter.com/grin_com

Verfasser:

Philipp Blaich

Goethe Universität, Frankfurt am Main

Reproduktion von Bildungsungleichheit in Deutschland

Eine Untersuchung ausgehend von Pierre Bourdieus „Die feinen Unterschiede"

Inhalt

1. Einleitung

Das deutsche Bildungssystem ist öfters in der Kritik, gleichzeitig wird doch öfters postuliert, dass „Bildung" der Schlüssel zu „Erfolg" und für die menschliche Entwicklung unabdingbar ist. Ziel dieser Arbeit ist es an Hand von Bourdieus Kapital- und Habitustheorie unterschiedliche Lebensstile und Lebensstilwandlungen zu beleuchten und ihre Entstehung aufzuzeigen, so wie zu diskutieren, inwiefern soziale Mobilität möglich ist, und welche Rolle „Bildung" dort spielt. Es soll besprochen werden, was „Bildung" überhaupt bedeutet, welche Verständnisse es über sie gibt, und welchen Faktor sie in Transformationsprozessen der sozialen Mobilität hat; Ferner noch, welche Ungleichheit in ihr herrscht, und welche Folgen dies hat. Jenes wird in Anlehnung an Bourdieus Gedanken zum kulturellen Kapital und zur legitimen Kultur, aber auch spezifisch mit Beobachtungen zur Bildung und dem Bildungssystem in Deutschland mit den hiesigen „Besonderheiten" untersucht. Generell wird diese Arbeit auch abbilden, wo Bildungsungleichheit herrscht, und welche Faktoren zu ihr führen, und wie sie sich auf Grund ihrer jetzigen Konstitution und Konzession reproduzieren muss.

Zu Beginn dieser Arbeit soll nun der HABITUS Begriff von Bourdieu, und dessen Verständnis über die Strukturierung und Chancenverteilung der Gesellschaft und deren Reproduktion angeführt werden.

2. Habitus- und Kapitaltheorie, Grundbegriffe

Der Habitus ist grundsätzlich das Erzeugungsprinzip *erstens* objektiv klassifizierbarer Praxisformen sowie *zweitens* deren Klassifikationssystem. Verschiedene Habitusformen werden durch verschiedene Existenzbedingungen geformt. Diese Bedingungen verstehen sich als „oben/unten, arm/reich, etc." (Bourdieu 2014: 277) bzw. als die „ökonomischen, sozialen und kulturellen Zwänge" (Carnicer 2015: 49) die aus der Art und der Menge des jeweiligen *Kapitals*[1] entstehen. Dementsprechend entstehen verschiedenen Praxisformen und Werke, die anhand von Klassifikationssystemen wie dem „Geschmack" objektiv unterschieden aber auch bewertet werden. Aus dem Verhältnis unterschiedlicher klassifizierbarer

---

[1] Der Kapitalbegriff wird später erläutert.

Praxisformen und Klassifikationssystemen entstehen verschiedene Habitusformen, die durch verschiedene Wahrnehmungs- und Wertungsschemata gekennzeichnet sind, sowie ein Raum verschiedener Lebensstile (Bourdieu 2014: 277ff) und Dispositionen. Dies wird auch als *opus operati* - Konstituierung des Habitus durch Existenzbedingungen und soziale Struktur - und *modus operandi* - Interpretationsmuster, die Realität einzuschätzen und angebrachtes Verhalten zu äußern - verstanden (Stein 2006: 151).

Das was man nun als KLASSEN[2] versteht sind Gruppen von Personen, die durch ihre Lebens- bzw. Existenzbedingungen eine ähnliche Position im sozialen Raum und dadurch ähnliche Lebensstile haben (Carnicer 2015: 33) und reproduzieren. Durch und mit dieser Ähnlichkeit schafft sich der Habitus ein Milieu, das auf Strategien basiert, neue Informationen bzw. Kritik, die die Stabilität der Dispositionen der Akteure gefährden könnte („Krisen") zu vermeiden (Bourdieu 1987: 114). Die Stabilhaltung dieser *Stabilität* wird von Bourdieu als HYSTERESIS Effekt bezeichnet (Bourdieu 2014: 238). Er besagt, dass der Habitus mit seinen hervorgebrachten Dispositionen sich im Wesentlichen schwer ändert, und vorhandene Züge in anderen Kontexten lediglich verstärkt oder abgeschwächt werden können (Stein 2006: 153). Bourdieu sagt jedoch auch, dass ein Habitus sich am sichersten dort reproduziert, wo sein Erzeugungs- und Anwendungsschema kongruent sind. Wenn dies nicht der Fall ist, und die ökonomischen und sozialen Bedingungen sich „ungewohnt" verändern, kann es bei den Akteuren entweder zur Anpassung / Resignation oder aber zur Nichtanpassung / Revolte kommen (Bourdieu 1987: 117). Dies kann sich auch darin äußern, dass sich Menschen „unzeitgemäß" oder „unsinnig" bzw. „desorientiert" verhalten. Man kann generell von einer *Tendenz* zu dauerhaften Dispositionen der Akteure sprechen (Wacquant/Bourdieu 1996: 164f), die Habitustheorie jedoch selbst nicht als vollkommen deterministisch sehen.

Wenn eine oben genannte „Gespaltenheit des Habitus" eintritt, kann sich durch diese Situation aber ebenfalls eine neue Sichtweise auf die Welt ergeben, die eventuell vorteilhafter oder einsichtiger ist, als die von Akteuren, die in ihrer gewohnten Umwelt mit ihren gewohnten Dispositionen verharren (Carnicer 2015: 53f nach Bourdieu 2001: 209).

---

[2] Bourdie spricht in seiner Arbeit öfters von Klassen. Teil dieser Arbeit ist nicht, dessen Sinnhaftigkeit und Aktualität grundlegend zu diskutieren. Es werden verschiedene Ansätze der Gesellschaftsunterteilung wie die, in *Milieus* oder *Schichten* vertreten.

Generell unterscheidet Bourdieu zwischen zwei (bzw. drei) Ansätzen der Durchsetzung und der Erklärung von sozialen Kämpfen der „Repräsentation der eigenen sozialen Position" (Bourdieu 2014: 394): Zum einen die DISTINKTION, der Geschmack für *wahre, legitime* Kultur und Kulturgüter, ohne Streben nach dieser *natürlichen* Distinktion - sie hat beispielsweise Merkmale wie Diskretion und Schlichtheit - zum anderen nennt er die PRÄ-TENTION, die Distinktions*absicht*: das Angeberische, „Geschmack" für Imitation und Massenkultur.

Es gibt jedoch ein Wechselspiel zwischen Distinktion und Prätention, welches erst den Glauben an den Wert der Kultur und ihrer Güter bzw. deren Erstrebsamkeit erzeugt und bekräftigt. Somit kann man auch von einer „objektiven Zusammenarbeit" sprechen. Denn es gibt einen inkorporierten Glauben an die legitime Kultur, und an deren Zertifikate (ebenda 387ff, vgl. Mandl 2012: 34) – dazu jedoch später.

Ein Habitus, der durch „prekäre" Lebensbedingungen geformt wurde, erzeugt einen „Notwendigkeitsgeschmack" (ebenda: 587), den die *unteren Klassen* wortwörtlich *verkörpern*.[3] Außerdem führt Bourdieu in seiner Kapitaltheorie verschiedene Arten und Formen von Kapital vor: ökonomisches, kulturelles (inkorporiert, institutionell oder objektiviert) und soziales. Je nach sozialer Lage liegen die Kapitalsorten in unterschiedlicher Menge und Form vor. Interessant und aufschlussreich ist bei dem Kapital, wie es erworben wurde, wie es investiert wird, und welche Bestrebungen es gibt, es zu akkumulieren oder zu konvertieren (ebenda: 440f). Beobachtungen und Fragen dazu, sind auch jene des *sozialen Auf- und Abstiegs*; Fragen der *sozialen Mobilität*.

2.1 Homo oeconomicus / rational choice

All dies sei angeführt, um zu zeigen, dass ein „homo oeconomicus" (Carnicer 2015: 13) Prinzip, welches darauf beruht, dass ein Individuum in der Gesellschaft alle seine Entscheidungen einer Kosten/Nutzen-Analyse unterzieht, um seinen eigenen Nutzen zu maximieren, nicht genügt, um gesellschaftliche Praktiken und *Entscheidungen* ausreichend zu erklären, sondern dass die Realität wesentlich komplexer ist.

---

[3] Dies beschreibt Bourdieu als „die körperliche Hexis" (Bourdieu 2014: 739): Den Stellenwert, den man in der sozialen Welt hat, oder glaubt zu haben, drückt sich in der Folge durch den eigenen Körper und dessen Haltung aus. Di

Es wird unter anderem behauptet, dass die „Bildungsungleichheit [...] eine Folge vorausgegangener individueller Bildungsentscheidungen sei" (Kristen 1999: 16).

Dieser Ansatz der rationalen Wahl wird von Breen und Goldthorpe ausgeführt; es wird angenommen, dass die Entscheidung der Eltern oder der Kinder selbst, die „Bildung" der Kinder weiter zu fördern bzw. zu fordern, erstens eine Frage der finanziellen Mittel - die für das Kind mehr aufgebracht werden müssen, als wenn es den Bildungsweg abbrechen und arbeiten würde - zweitens ein Einschätzen, darüber, ob das Kind die erforderlichen Prüfungen bestehen kann, und drittens eine Frage der Wertbeimessung von einer möglichen (beruflichen) Position ist, die sich aus dem Verlaufsmodell „Bestehen / Nichtbestehen / Aufhören" (engl. *Pass / Fail /Leave*) ergeben kann, und dementsprechend in dem genannten Fortschrittsniveau höher bzw. tiefer ist: Dienstleistungsschicht / Arbeiterschicht / Unterschicht (engl. *Service class / Working class / Underclass*) (Breen/Goldthorpe 1997: 279ff). Jedoch wird die soziale Herkunft per se als Faktor in ihrer Erklärung von Bildungsungleichheit nicht stark berücksichtigt. Allgemein spricht man von *primären* und *sekundären Effekten sozialer Herkunft* (engl. *effects of stratification*). Primär sind die Effekte, (kulturelle:) die des *sozialen Status*, und der elterlichen *Bildungsdistanzen* sowie das vorhandene *ökonomische Kapital* (Mandl 2012: 16 nach Becker/Lauterbach 2007: 13). Sekundär sind die Effekte, die eintreten, wenn es darum geht, eine Entscheidung über den weiteren Bildungsverlauf zu treffen. Diese sekundären Effekte sind nach Boudon und der „rational choice" Theorie die stärksten (Boudon 1974: 29, eine „Erweiterung Keller-Zavallonis Ideen" (ebd.)).

Folglich soll nach dem der Bildungs- und Bildungsungleichheitsbegriff definiert wurde, Aufschluss darüber gegeben werden, welche Faktoren und Effekte bzw. Erklärungsmuster eher geeignet sind, um sie bei der Thematik „Bildungsungleichheit" heranzuziehen.

3. Bildungsbegriff

Bildung meint nicht allein die formale Erlangung eines schulischen oder akademischen Zertifikats. Denn solche sind an sich nicht aufschlussreich darüber, wieviel sozial verwertbares kulturelles Kapital hinter selbst identischen Zertifikaten (das heißt mit gleichem schulischem Kapital) steckt, denn „einberechnet" wird nicht, welche unterschiedlichen Investitionen (ökonomisch, zeitlich) geleistet worden sind, und wieviel verschiedenes ererbtes und inkorporiertes Kapital hineingeflossen ist (Bourdieu 2014: 143ff), geschweige denn welche Erziehung und Sozialisation neben der Schule geschieht. Das erworbene schulische Kapital als institutionelle Bildung, kann also höchst unterschiedlich sein, und daher – allein – ein schlechter Maßstab sein, für das was man unter Bildung sonst versteht: Prozesse der Veränderung des Verhältnisses vom Menschen zu seiner Welt (Carnicer 2015: 4) und die Möglichkeit zur freien Entfaltung und Emanzipation, so wie einer aktiven Teilhabe und Mitgestaltung der Gesellschaft. Außerschulische Bildung kann habitusspezifisch für den Akteur lebenswichtig sein, und ihm dabei helfen in seinem Milieu und in der Gesellschaft zu überleben; sie wird jedoch nicht als *legitime Bildung* angesehen. Somit entsteht durch die formale Bildung als die einzig legitime eine Reproduktion der Hierarchisierung der Kultur und dadurch eine Abwertung von *außerschulischer Bildung* und dem dort erlernten, sowie eine Verringerung von Lebenschancen der Akteure, die zum Beispiel nicht eine auf Schulbildung und damit auf „gewollte" politische und ökonomische Kulturtechniken abgerichtete Erziehung bekommen (Grundmann 2011: 64ff). In anderen Worten ist die erfolgreiche formale Bildung ein „Ausdruck dafür, dass Menschen ‚fähig' und ‚bereit' sind, den gestiegenen Leistungsanforderungen in unserer Gesellschaft gerecht zu werden" (Leuze/Solga 2013: 128); man spricht in diesem Zusammenhang auch von BILDUNGSARMUT, ein Bildungsniveau, das *formell* nicht ausreichend ist, um in der Gesellschaft und im Arbeitsmarkt eine gleichberechtigte Teilhabe zu halten (ebd.: 116). Es gilt also begrifflich und hermeneutisch zu unterschieden zwischen Bildung und formaler bzw. *institutioneller Bildung*, und zu verstehen, dass sich letztere den Gesamtbegriff zu eigen machen will.

3.1 Bildungsungleichheit

Es ist sehr schwer, ohne institutionell zertifizierte Bildung seine „individuelle Lebenschancen, Selbstverwirklichung, beruflichen Erfolg sowie soziale, politische und kulturelle Teilhabe" (Solga/Dombrowski 2009: 1) zu verbessern oder zu erlangen. Vor allem in Deutschland herrscht eine hohe, teils überdurchschnittliche Korrelation zwischen Bildungsniveau und Beschäftigungsquote (OECD 2016: 130) und auch ebenfalls Bildungsniveau und Einkommen (OECD 2016: 157). Denn es scheint, als käme die Chance auf Realisierung der oben genannten Möglichkeiten erst über die ökonomische Sicherheit (Mandl 2012: 6). Selbst Angaben zur körperlichen und psychischen Gesundheit steigen bei höherer Bildungsstufe und höherer Lesekompetenz drastisch (OECD 2016: 203; StatLink Tabelle). Außerdem stehen Menschen ohne Bildungszertifikate (oder nur mit solchen, mit denen sie auf dem Arbeitsmarkt keine Chance haben) auch psychischen Belastungen, so wie Stigmatisierung, „Erklärungsdruck", und Ausgrenzung Gefahr (Ludwig-Mayerhofer/Kühn 2010: 143).

4. Faktoren und Erklärungsmuster

Um nochmal auf Boudon zurückzukommen, der jenen „rational choice" Ansatz verfolgt hat, sollen seine Feststellungen nun detaillierter aufgezeigt werden:

Erstens: Je niedriger der soziale Status, desto niedriger der kulturelle Hintergrund, desto niedriger der Schulerfolg.

Zweitens: Kinder niedriger Schichten tendieren dazu, niedrigere Schulerfolge zu haben, und ein höheres Alter am Ende der Grundschule zu haben.

(Kinder höherer haben Schichten dementsprechend höhere Schulerfolge und ein niedrigeres Alter bei Abschluss)

Zudem: Kinder der mittleren und höheren Schichten tendieren aufgrund des Einflusses ihrer Eltern, deren Angst vor *sozialer Degradierung* [des sozialen Abstiegs] der Familie und ihrer eigenen Angst, vor Freunden und Freundinnen einen niedrigeren Kurs (z.B. ein Lehre [engl. „vocational curriculum"]) einzuschlagen, sich für eine höhere bzw. weitere akademische Bildung zu entscheiden. Neben den ökonomischen Kosten müssen Kinder niedrigerer Schichten ebenfalls die *sozialen Kosten* – sprich die Abgrenzung zu befreundeten Menschen, die nicht einen höheren Bildungsweg einschlagen tragen. Folglich ziehen laut Boudon Akteure aus höheren Schichten an dem selben Punkt (beispielsweise 12. Klasse, öffentliches Gymnasium) eine größere Nützlichkeit (engl. *utility*) daraus, den höheren Bildungsweg einzuschlagen, als jene aus niedrigeren Schichten, da sie selbst weniger Kosten haben und mehr Gewinn daraus ziehen. (Boudon 1974: 30) Diese Theorie behauptet dadurch auch, dass Eltern bzw. Kinder niedrigerer sozioökonomischer Schichten die Bildungskosten zu hoch und die Gewinne bzw. Erträge, die die „Bildung" abwerfen kann zu gering schätzen (Becker 2011: 121). Boudon unterstellt hier also auch ein Anlage- bzw. Investitions-Kalkül. Wie im zweiten Abschnitt angesprochen, ist ein „rational choice" Ansatz allein nicht komplex genug, um eine tiefergehende Erklärung zu liefern. So sagt Bourdieu, dass die Aussage, dass der „Anlage-Sinn [...] und die entsprechenden Verhaltensweisen [...] vom rationalen Kalkül der Profitmaximierung geleitet" seien, völlig zu Unrecht gemacht wird (Bourdieu 2014: 151). Denn dieser *Sinn* ist ein *Gespür* dafür, Strategien zu entwickeln, die darauf abzielen, nur die Gewinne einzustreichen, auf die die Akteure in einer bestimmten sozialen Lage auch wirklich (objektiv) Chancen haben, weil dieser *Anlage-Sinn* an sich durch jene objektive Gewinnchancen - in anderen Worten, der überhaupt möglichen „Verwertung der Kompetenz" - konstituiert wurde, und somit inkorporiert und damit das zu beobachtende Verhalten *un*absichtlich ist. (ebd. 151f).

4.1 Der Weg zum Zertifikat

Bereits bei der Einschulung werden Kinder von Eltern mit niedrigem Schulabschluss zu 10% verspätet eingeschult, während es bei Eltern mit hohem Abschluss nur 4% sind. Bei selbigen werden jedoch 7% vorzeitig eingeschult. (Autorengruppe Bildungsberichterstattung 2016b: 67). Wenngleich eine frühzeitige Einschulung meist auf Druck der Eltern geschieht, kommt eine Ablehnung und eine daraus resultierende verspätete Einschulung meist von einer Schuleingangsuntersuchung. In „Empfehlungen zur Arbeit in der Grundschule" heißt es, dass zur „Wahl der Schullaufbahn [...] Empfehlungen nicht nur die Leistungen in bezug [sic!] auf die fachlichen Ziele der Lehrpläne, sondern auch die für den Schulerfolg wichtigen allgemeinen Fähigkeiten" (Sekretariat der Kultusministerkonferenz 2015: 6) berücksichtigt werden. Dies ist also auch offiziell eine Diskriminierung nicht schulpraktischer Kompetenzen; in Deutschland scheint hier vor allem die Prüfung des „Sprachförderbedarfs" ausschlaggebend zu sein (Autorengruppe Bildungsberichterstattung 2016b: 67;

Mandl 2012: 34f), was noch weiter ausgeführt wird. Im weiteren Verlauf bekamen beispielsweise 2001 55% der Grundschulkinder aus der Mittel- und Oberschicht eine Gymnasialempfehlung zu 28% der Kinder aus der Arbeiterschicht. Der Gymnasialempfehlung folgten insgesamt 88% der ersteren und nur 79% der letzteren Schicht. Bei guter und sehr guter Leistung und demselben Leistungspotenzial gingen 72% der Kinder aus der Ober- und Mittelschicht auf das Gymnasium während nur 55% der Kinder aus der Arbeiterschicht mit diesen Leistungen denselben Weg einschlugen (Becker 2011: 116f). Seit 2001 gab es bei den Daten keine größeren und an der „Schieflage" an sich überhaupt keine Änderungen, bzw. sogar eine Vergrößerung der Chance auf Gymnasialpräferenz der Kinder aus den oberen Schichten (IGLU 2011: 18). Dies ist problematisch, da durch diesen Verlauf schon im Alter von ca. 11 Jahren (nach der 4. Klasse) *determiniert* ist, in welchem der drei Schulwege – Hauptschule, Realschule oder Gymnasium ein Abschluss erfolgt. Eine Mobilität nach oben innerhalb dieser Wege ist nicht leicht möglich und nicht vorgesehen, (man beachte nur die räumliche Trennung der Gebäude) und damit auch nicht gefördert. Viel eher passiert es, das jemand der die erforderlichen Leistungen nicht bringen kann, zurückgestuft wird.

Die Haltung, die Menschen durch ihren Habitus zu legitimer Bildung und deren Institutionen haben, sind stark unterschiedlich. Wie am Anfang bereits erwähnt, erfahren Schüler und Schülerinnen der unteren Schicht sehr oft eine Abwertung ihrer nicht legitimen Praktiken und außerschulischen Bildung, und haben aus dem selben Grund aus dem dieses Nicht-Anerkennen stattfinden, auch keine alltagspraktische Relevanz der durch die Bildungsinstitution vermittelten Informationen und Praktiken, müssen die Schule jedoch aufgrund ihrer schichtspezifischen Konformität zur Legitimität der Kulturhierarchie als *notwendiges* „Übel" bestreiten. Kinder und Eltern aus der Mittelschicht sehen in der formalen Bildung eine Aufstiegschance bzw. einen Wissenszuwachs, während die Bildungsaspirationen der oberen Schicht als intellektuelle Herausforderung lediglich einen Selbstzweck hat. Zudem habe Kinder aus Familien mit akademischem Hintergrund durch ihr häusliches Umfeld eine Selbstverständlichkeit für das schulische Lernen, und ein Empfinden für die Normalität von schulischem Erfolg inkorporiert. Diese Selbstverständlichkeit von schulischem Erfolg in diesem Habitus ist natürlich nicht nur Eltern-Kind ausgerichtet, sondern auch Lehrkraft-Schüler/in im Kontext Schule. Dies führt dazu, dass Schulerfolg von Seiten der Lehrkräfte im Unterricht als Normalzustand erwartet wird, jedoch durch beschriebene Ungleichheiten niemals „normal" und universell ist. Diesbezüglich ist die Anwendung der „legitimen Sprache" (Mandl 2012: 48 nach Kaesler 2005), sowie ein natürlicher Zugang zu Ressourcen und Güter der legitimen Kultur, die dies fördern (Literatur, Förderunterricht) meist nur im Alltag der bildungsnäheren Milieus vorhanden. Unterschiedlich ist auch die Beteiligung der Eltern an dem Schulalltag sowie die aktive Mitgestaltung, die Stellung von Forderungen und Thematisierung von Wünschen, etc. der mittleren und oberen Schichten, gegenübergestellt einer in der Unterschicht herrschenden *Konformität* und einer Indifferenz gegenüber dem schulischen Erfolg und Höhe des Niveaus ihrer Kinder (Mandl 2012: 48ff). Aber nicht nur der „häusliche" Umgang mit der Familie / Eltern ist bestimmend auf die Beziehung zur institutionellen Bildung, auch die Einflusssphäre der *peer group* - die eventuell bestimmte Praktiken bekräftigt und anerkennt, und *somit Schulerfolg begünstigen oder verschlechtern* kann - und die Angst sich von jener zu trennen, bzw. sich nicht konform zu verhalten und auf Ablehnung zu stoßen (Mandl 2012: 51). Sprich eine weitere Verstärkung der Abgrenzung oder Distinktion von dem eigenen Habitus fernen Lebensstilen.

Im Endeffekt haben also die Menschen, die von Grund in einem schulnahem Milieu aufwachsen, eine weitaus größere Chance einen Hochschulreife an einem Gymnasium, und später einen Hochschulabschluss und damit die besten Positionen auf dem Arbeitsmarkt und die meisten Teilnahmemöglichkeiten in der Gesellschaft zu bekommen. Beziehungsweise bei gleichem schulischem „Abitur"-Kapital dennoch unterschiedliche Möglichkeiten in der Universität. Der Hauptschulabschluss reicht kaum noch für einen Ausbildungsplatz. Deutschland liegt bei Bildungsausgaben in % des BIP unter OECD Durchschnitt in fast allen Bereichen (OECD 2016: 260). Wobei es hier unterschiedliche Auffassungen gibt. Im genannten OECD Bericht für das Jahr 2013 wird beispielsweise von 4,3% des BIP für öffentliche und private Ausgaben im Primär- bis Tertiärbereich der „Bildung" gesprochen, in anderer Quelle im selben Jahr von 9,3% für „Bildung, Forschung und Wissenschaft" (Autorengruppe Bildungsberichterstattung 2016a: 6). Wiederholt, an der „Schieflage" hat sich nie etwas geändert.

4.2 Migrationshintergrund und frühkindliche Bildung

Im Jahre 2013 hatten ca. 30% aller 0-45 Jährigen einen Migrationshintergrund 1. bzw. 2. Generation, wobei die beiden Anteile verständlicherweise diametral verlaufen. Das Beherrschen der (legitimen) deutschen Sprache ist – wie bereits erwähnt – essenziell für die „Integration in das Bildungssystem und die gesellschaftliche Teilhabe". 2015 sprachen 63% aller 4-5 Jährigen mit Migrationshintergrund, die das Betreuungsangebot in Kindertagesstätten („Kita") wahrnehmen zu Hause kein deutsch. Besonders in Großstädten steigt diese Rate. Beispielsweise sind es in Offenbach 88,7% der Kinder, die Kitas besuchen und zu Hause kein deutsch sprechen. (Autorengruppe Bildungsberichterstattung 2016c: 166f). Insgesamt war 2016 der Anteil aller sich in der Kindertagesbetreuung befindenden Kinder im Alter von 0-6 ohne Migrationshintergrund bei 67% und mit Migrationshintergrund bei 54% - also 13% weniger. (DeStatis 2016). Das heißt die Sprachförderung von Kindern mit Migrationshintergrund ist sowohl institutionell als auch familiär defiziös, und bildet somit eine erschwerte Erfolgschance in dem anfangenden Bildungsweg, mit den erläuterten Folgen.

Wichtig ist hier aufzuzeigen, wie das erste Mal eine sogenannte „Migrantenunterschicht" (Carnicer 2015: 107) entstanden ist: 1955 gab es ein Anwerbeabkommen der BRD mit Italien, 1960 mit Griechenland und Spanien, 1961 mit der Türkei. Ziel davon war es, günstig Arbeitskräfte für niedrige Positionen zu holen, und bei weniger Bedarf wieder in ihr Herkunftsland zu befördern, um das Wirtschaftswachstum zu erhöhen, und „Einheimische" für höhere Positionen besser auszubilden. Ursprünglich sollten nur unverheiratete Menschen angeworben werden, doch es wurden dann auch verheiratete – meist Männer – an Hand von 2 Jahresverträgen beschäftigt, jedoch ohne das Recht, ihre Familie nachzuholen. Diese Menschen kamen überwiegend aus ländlichen Gegenden mit schlechten ökonomischen und politischen Bedingungen. Als dann 1973 ein Anwerbestopp verkündet wurde, waren schon einige Familien trotzdem nachgezogen, und die Zahl der „Gastarbeiter" blieb überwiegend stetig. Diese hatten jedoch oft weder in ihrem Herkunftsland Zertifikate erworben, noch war es vorgesehen, dass sie dies in der BRD konnten - sie sollten schließlich nur arbeiten - und auch die Erlernung der Sprache war teilweise nur rudimentär. Außerdem fielen im Zuge der Modernisierung niedrige Arbeitsstellen weg, und viele der Angeworbenen hatten keine Möglichkeit ihr kulturelles Kapital in ökonomisches oder soziales umzuwandeln. Im großen Stile erfolgreiche Unternehmungen, um diesen Menschen eine bessere Integration und eine Erweiterung der Chancen zu ermöglichen gab es von der BRD nicht (Carnicer 2015: 91ff). 1970 waren es 970.000 Ausländer und Ausländerinnen, die nach Deutschland kamen. 1992 1,2 Millionen (Auflösung der sozialistischen Staaten, Jugoslawien Krieg) und 2014 1,34 Millionen wobei das Saldo von Aus- und Einwanderern an diesen Spitzen bei 500-600 Tausend Menschen lag (Autorengruppe Bildungsberichterstattung 2016: 164; nach Statistische Ämter des Bundes und der Länder, Wanderungsstatistik 2014). Eine implizite, chancenreduzierende bis explizite, wörtliche Diskriminierung (auch der Nachfolgegenerationen) von Migranten und Migrantinnen herrscht noch immer - wie auch an den Daten in Abschnitt 4.1 zu erkennen ist - die auch sozial durch sprachliche und räumliche Trennung geschieht.

5. Abschließende Worte

Ein passendes Verständnis über diese ablaufenden Prozesse ist die *symbolische Macht*: Sie ist „eine Macht, die in dem Maße existiert, wie es ihr gelingt, sich anerkennen zu lassen, sich Anerkennung zu verschaffen; d.h. eine (ökonomische, politische, kulturelle oder andere) Macht, die die Macht hat, sich in ihrer Wahrheit als Macht, als Gewalt, als Willkür verkennen zu lassen" (Bourdieu 1992: 82). Dies ist exakt das, was durch die staatlichen Bildungsinstitutionen als *symbolische Gewalt* hinter einem „Deckmantel der Chancengleichheit" (Mandl 2012: 82) geschieht und reproduziert bzw. bekräftigt wird: die Anerkennung der Legitimität der Hierarchie und der Ungleichheit der Lebenschancen; habituell bedingte Diskriminierung und Abwertung der von der *gewünschten* „Norm" und „Kultur" abweichenden Lebensstilen. Die Bildungsinstitution ist also nichts weiter als repräsentativ für die Gesamtordnung des Staates. Wichtig oder als Lösungsansatz dort anzufangen ist also Bildung nicht nur als institutionell zertifizierte auf den Arbeitsmarkt abgerichtete anhand bestimmter Fähigkeiten selektierende „Bildung" zu verstehen, sondern zu erfragen und zu verstehen, welche Relation Menschen schon im Kindesalter zu ihrer Welt und sich selbst haben, wie sich dies entwickelt, und in welche Richtungen sich zu bilden eine Neigung besteht, und eben dies zu fordern und zu fördern.

Literaturverzeichnis

Autorengruppe Bildungsberichterstattung (2016): *Bildung in Deutschland 2016*

  a) *Wichtige Ergebnisse*

      Online: http://www.bildungsbericht.de/de/bildungsberichte-seit-
      2006/bildungsbericht-2016/pdf-bildungsbericht-
      2016/wichtige_ergebnsise_web2016.pdf

  b) *Frühkindliche Bildung, Betreuung und Erziehung*

      Online: http://www.bildungsbericht.de/de/bildungsberichte-seit-
      2006/bildungsbericht-2016/pdf-bildungsbericht-2016/c_web2016.pdf

  c) *Bildung und Migration*

      Online: http://www.bildungsbericht.de/de/bildungsberichte-seit-
      2006/bildungsbericht-2016/pdf-bildungsbericht-2016/h_web2016.pdf

  (alles zuletzt geprüft: 11.04.2017)

Becker, Rolf/ Lauterbach, Wolfgang (2007): *Bildung als Privileg*

      2. Auflage. VS Verlag für Sozialwissenschaften: Wiesbaden

Becker, Rolf (2011): *Lehrbuch der Bildungssoziologie*

      2. Auflage. VS Verlag für Sozialwissenschaften: Wiesbaden

Bos, W./ Tarelli, I./ Bremerich-Vos, A./ Schwippert, K. (2012): *IGLU 2011*

      Waxmann Verlag: Münster

Boudon, Raymond (1974): *Education, Opportunity and Social Inequality*

      John Wiley & Sons: New York

Bourdieu, Pierre (1987): *Der soziale Sinn*

      Suhrkamp: Frankfurt am Main

Bourdieu, Pierre (2001): *Meditationen.*

      Suhrkamp: Frankfurt am Main

Bourdieu, Pierre (2005): *Die verborgenen Mechanismen der Macht*

      VSA Verlag: Hamburg

Bourdieu, Pierre (2014): *Die feinen Unterschiede*

      24. Auflage. Suhrkamp: Frankfurt am Main

Breen, Richard und Goldthorpe, John H. (1997): *Explaining educational differentials*

      in *Rationality and Society* Band 9, Ausgabe 3. Sage Publications

Carnicer, Javier A. (2015): *Bildungsaufstiege mit Migrationshintergrund*

in *Adoleszenzforschung* Band 5. Springer VS: Wiesbaden

DeStatis (2016): *Betreuungsquote von Kindern unter 6 Jahren*

Statistisches Bundesamt. Online:

https://www.destatis.de/DE/ZahlenFakten/GesellschaftStaat/Soziales/Sozialleistung

en/Kindertagesbetreuung/Tabellen/Tabellen_BetreuungsquoteMigrationshintergrun

d.html (zuletzt geprüft: 17.04.2017)

Kaesler, Dorothee. (2005): *Sprachbarrieren im Bildungswesen*

In Berger, P./ Kahlert, H.: *Institutionalisierte Ungleichheiten*

Juventa Verlag: München

Kristen, Cornelia (1996): *Bildungsentscheidungen und Bildungsungleichheit*

In *Arbeitspapiere* Band 5. Zentrum für Europäische Sozialforschung: Mannheim

Leuze, Kathrin/ Solga, Heike (2013): *Bildung und Bildungssystem*

in *Handwörterbuch zur Gesellschaft Deutschlands* 3. Auflage, Band 1.

Springer VS: Wiesbaden

Ludwig-Mayerhofer, Wolfgang/ Kühn, Susanne (2010): *Bildungsarmut. Exklusion und die Rolle von sozialer Verarmung und* Social Illicity.

in Quenzel, Gudrun/ Hurrelmann, Klaus: *Bildungsverlierer*

VS Verlag für Sozialwissenschaften: Wiesbaden

Mandl, Mischa (2012): *Habitus, Herkunft und Bildungserfolg*

Institut für Soziologie: Darmstadt

OECD (2016): *Bildung auf einen Blick*

W. Bertelsmann Verlag: Bielefeld.

Online: http://dx.doi.org/10.1787/9789264264212-de (zuletzt geprüft: 04.06.2017)

Sekretariat der Kultusministerkonferenz (2015): *Übergang von der Grundschule in Schulen des Sekundarbereichs I*

Sekretariat der Ständigen Konferenz der Kultusminister der Länder in der Bundesrepublik Deutschland

Online:

http://www.kmk.org/fileadmin/Dateien/veroeffentlichungen_beschluesse/2015/2015

_02_19-Uebergang_Grundschule-SI-Orientierungsstufe.pdf (zuletzt geprüft: 12.4.2017)

Stein, Petra (2006): *Lebensstile im Kontext von Mobilitätsprozessen*

VS Verlag für Sozialwissenschaften: Wiesbaden

Solga, Heike/ Sombrowski, Rosine (2009): *Soziale Ungleichheiten in schulischer und außerschulischer Bildung*

Arbeitspapier 171. Hans-Böckler-Stiftung: Düsseldorf

Wacquant, Loïc J.D./ Bourdieu, Pierre (1996): Reflexive Anthropologie

Suhrkamp: Frankfurt am Main